AF388874

CATALOGUE

DE

CARTES, PLANS

ET ATLAS DE GÉOGRAPHIE

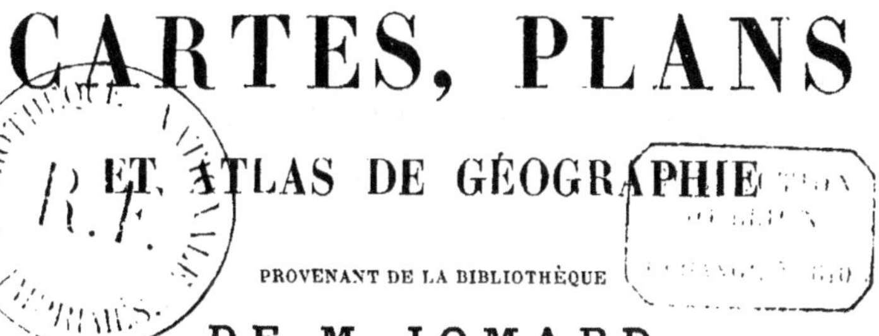

PROVENANT DE LA BIBLIOTHÈQUE

DE M. JOMARD

DE L'INSTITUT DE FRANCE, ETC.,

DONT LA VENTE SE FERA LE 4 AVRIL A 7 HEURES ET DEMIE DU SOIR
RUE DES BONS-ENFANTS, 30

Par le ministère de Me H. BLOT, commissaire-priseur,
rue Neuve-Saint-Augustin, 29,

Assisté de M. Benjamin DUPRAT, libraire de l'Institut.

PARIS

BENJAMIN DUPRAT

LIBRAIRE DE L'INSTITUT, DE LA BIBLIOTHÈQUE IMPÉRIALE ET DU SÉNAT

rue du Cloître-Saint-Benoît, 7

1864

CONDITIONS DE LA VENTE

Les adjudicataires payeront en sus des enchères 5 centimes par franc, applicables aux frais de la vente.

Le libraire chargé de la vente remplira les conditions qui lui seront adressées.

CATALOGUE

DES

CARTES GÉOGRAPHIQUES

DE M. JOMARD

---

1. Accuratissima orbis antiqui delineatio sive geographia vetus, sacra et profana. *Amstelodami*, 1653, in-fol. v. = Nova et accuratissima totius terrarum orbis Tabula nautica, variationum magneticarum index juxta observationes anno 1700 habitas constructa per E. Halley (avec explication). = Atlas ethno-géographique. Les pays et les peuples de l'Europe, de l'Asie antérieure et de la Berbérie dans leur état actuel. *Paris* et *Leipzig*, 1842. — Une seule carte contenant l'Europe.

2. Carte magnétique des deux hémisphères. = Tableau synoptique et abrégé du système magnétique terrestre (par M. J. A. Garnier) avec détails et explication sur la carte.

3. Atlas physique, politique et historique de l'Europe formé de 30 cartes, par Mme Denaix. *Paris*, 1829, in-fol., dem. rel. v. = Atlas géographique pour les colléges, par Selves. *Paris*, 1833. 1re partie : géographie ancienne ; 2e partie : géographie du moyen âge ; 3e et 4e partie : géographie moderne actuelle,

in-4°, cart., 4 parties. — Atlas élémentaire de géographie, en anglais, publié par Allen, 35 cartes in-fol., dem. rel.

4. Atlas de l'Europe centrale, par Woerl, à l'échelle de $\frac{1}{500000}$, in-4°, dem. rel., toile. — Aug. Papen's Central Europa, herausgegeben. Von Aug. Ravenstein, 1858, 9 cartes coloriées. — L'Europe centrale à la fin du XVe siècle (ou à la naissance de Charles-Quint), carte dressée par Schnitzler. *Strasbourg*, 1859.

5. Carte physique et politique de l'Europe publiée par Andriveau-Goujon. *Paris*, 1841, 2 feuilles. — L'Europe orientale dans la seconde moitié du XVe siècle. Carte dressée par Schnitzler. *Strasbourg*, 1859.

6. Carte de la Gaule, sous le proconsulat de César, dressée à l'aide des documents géographiques et topographiques du dépôt de la guerre, d'après les ordres de S. M. l'Empereur, 1861.

Tachée et déchirée en deux endroits.

7. Carte topographique de la France, levée par ordre du gouvernement à l'échelle de 1 pour 20,000, et gravée à l'échelle de 1 pour 80,000, commencée par le corps des ingénieurs géographes militaires, et continuée par le corps d'état-major, le lieutenant général Pelet, les colonels Puissant et Lapie. *Paris*, 1836. Nous avons les feuilles dont les n^{os} suivent : 1 à 38, 43 à 56, 61 à 71, 78 à 86, 92 à 102, 106 à 115, 120 à 128, 130, 133, 134, 135, 137 à 140, 142, 143, 145, 148, 149, 150, 151, 158, 159, 160, 168, 169. De plus, nous avons en double les feuilles 81, 96, 97, 99, 107, 108, 110, 141. — Carte générale des triangles fondamentaux et des principaux points secondaires de la nouvelle carte topographique de la France, gravée à l'échelle de 1 pour 80,000, comprenant le tableau d'assemblage des feuilles de cette carte, dressée par

ordre du ministre de la guerre, sous la direction du général Pelet, 1847.

8. Carte hydrographique de la France, divisée en 21 grands bassins, dressée au Dépôt des ponts et chaussées, par ordre de M. Becquey. Paris, 1828, atlas gr. in-fol., dem. rel. = Carte d'analyse géographique appliquée aux divisions naturelles et aux divisions administratives de la France, 1 bis, 1842.

9. La France et la Belgique en relief, par **W.** Ober-Muller, 1844.

10. La France et la Belgique par Bauerkeller, carte en relief gaufrée en couleur par Bauerkeller. Échelle horizontale 1,2,000,000.

11. Frankreich bearbeitet von Fr. Stülpnagel. *Gotha*, 1854.

12. Carte du département de la Seine, exécutée en 1839, au dépôt de la guerre, sous la direction du général Pelet. Cette carte se compose de 9 feuilles dont cinq sont séparées et 4 réunies et collées sur toile.

13. Carte militaire des environs de Paris. Septembre 1840.

14. Carte des environs de Versailles, dite des chasses du roi, 12 pl. avec le tableau d'assemblage, en 1 atlas in-fol. dem. rel.

15. Carte archéologique du département de la Seine-Inférieure, aux époques gauloise, romaine et franque, dressée sous la direction de l'abbé Cochet, par F. N. Leroy, 1859.

16. Carte géométrique et topographique du département du Puy-de-Dôme, à l'échelle du 160,000, par Guillaume Mory, 1845. Collée sur toile et en étui.

17. Carte géologique de la Loire-Inférieure, par Frédéric Cailliaud, sur le tracé topographique de MM. Pinson et de Tollenare, 1861.

18. Carte générale de l'île de Corse, d'après la carte du Dépôt de la guerre, d'après les travaux hydrographiques de M. Hell. Publiée par ordre du roi en 1831.

19. Carte géométrique de la province de Bretagne, par Ogée. Gravé par Nion en 1771. En 4 feuilles.

20. Carte topographique des cantons de Neuville, de Givors, de S. Symphorien, de Limonest, arrondissement de Lyon, département du Rhône, par Rembielinski, 1844-1846, 4 feuilles.

21. Plan topographique et pittoresque de la ville de Lyon, par J. B. Noëllat, 1842. = Plan topographique de la ville de Lyon et de ses environs, par E. Rembielinski, 1847. = Ponts de Lyon, par Favier, 6 planches in-fol. br.

22. Autun. L'antique Bibracte que César, après ses conquêtes, qualifia du nom de sœur et émule de Rome. Carte de l'arrondissement, plan de la ville, ses antiquités et ses monuments, (d'après les dessins de Moni). = Environs d'Alise-Sainte-Reine pour servir à l'intelligence des opérations du siége d'Alésia par J. César (52 ans avant J.-C).

23. Plan de Caen et de son territoire, levé par Desprez, complété par Morel. Carte collée sur toile.

24. Plan de la ville de Rennes, 1830 (avec le petit plan topographique des environs de Rennes).
     (Carte tachée en plusieurs endroits).

25. Plan de la ville de Tours.

26. Plan de la ville et du port du Havre, après l'achèvement des grands travaux et de la nouvelle ville.

27. Plan routier de la ville et des faubourgs de Rouen, avec ses environs. *Paris*, 1832.

28. Plan de la ville de Poitiers. Publié à Poitiers.

29. Plan de la ville de Bordeaux, réduit sur le grand plan levé par Pierrugues et Béro (1830). = Prospectus. Étendue et principal trait du plan topographique de la ville de Marseille, levé sur l'échelle de un à mille, par les soins de M. Anthoine. Grande feuille.

30. Carte minéralogique des Pyrénées, dressée à l'échelle de $\frac{1}{120\,000}$, désignant les carrières de marbre, celles d'ardoise, les mines de charbon fossile, et les gites de minérai, etc., par Louis Galabert, 1831.

31. Carte topographique et routière de la vallée de Montjoie et des environs de Saint-Gervais (en Savoie), par J.-F. Payen, 1856.

32. Carte de l'Empire romain dans sa plus grande étendue au ii" siècle de notre ère, dressée par J.-H. Schnitzler. *Strasbourg*, 1857.

33. Plan et coupe d'une partie du Forum romain et des monuments sur la Voie sacrée, indiquant les fouilles qui ont été faites dans cette partie de Rome depuis 1809 jusqu'à 1819, dessinés et publiés par Caristie. *Paris*, 1821, in-fol., br.

34. Tabula geographica Sardiniæ, auctore Alberto à Marmora. Editio 2ª, 1839.

35. Carta dell' Isola e regno di Sardegna dal Cte Alberto della Marmora. *Turin*, 1845, Grande carte en 2 feuilles.

36. Carta dell' Isola di Sardegna coll' indicazione delle nuove strade dal Alberto Conte della Marmora, 1853.

37. Pianta della regia città di Venezia e sue Isole Vicine, pubbli cata da Gius. Kier, 1844.
Avec vues coloriées, quelques déchirures.

38. Peninsula espanola por don Francisco Coello. Escala $\frac{1}{1\,000\,000}$. *Madrid*, 1861, 4 feuilles.

   Très-belle carte et bel exemplaire.

39. Topographische Karte des Frankfurter Gebietes mit der Umgegend bis Mainz, Friedberg, Aschaffenburg und Darmstadt.

40. Karte des Preuss. Herzogthums vor und Hinter Pommern, von Sotzmann, 1789 (en 6 feuilles.) == Special Karte von der Neumark und den angrenzenden Landern in VI sectionen, von Sotzmann. *Berlin*, 1807. En 6 feuilles.

41. Grundriss von Greifswald und den Vorstadten, entworfen von docteur Friedrich von Hagenow. == Karte von Neu-Vorpommern und der Insel Rüger, entworfen von Hagenow.

42. Geognostiche Karte des Thüringer Waldes von Heinrich Credner. *Gotha*, 1855, 4 cartes coloriées (dans un carton).

43. Atlas de cartes géographiques de l'Électorat de Saxe. *Amsterdam* et *Leipzig*, 1857, 46 cartes en un volume in-fol. dem. rel.

44. Hochkarte von Deutschland von W. Ober-Muller, 1844.

45. Deutschland und die Niederland von Bauerkeller. Carte en relief.

46. Kaart over Kjobenhavns, 1830.

47. Carte de l'Archipel, dressée d'après les travaux de MM. Copeland, Graves et Brock, par Robiquet, *Paris*, 1854.

48. Carte en relief de l'empire Ottoman, par G. Bauerkeller. *Constantinople.*

49. Carte topographique du Bosphore de Thrace et des environs

de Constantinople, levée par MM. Thomassin et Vincent, sous la direction du général comte Andréossy. *Paris*, 1828.

50. J. de Castro. Roteiro de Dom Joam de Castro, 16 planches réunies en un vol. in-4°, cart.

51. Carte de la Turquie d'Europe, rectifiée par A. Boué.

52. Tableau d'assemblage de la carte de la Russie Européenne en 77 feuilles, exécutée au dépôt général de la guerre. *Paris*, 1812. = Grande carte de la Russie. *Nous avons les feuilles ainsi marquées :* A, 4 à 10. B, 4 à 10. C, 4 à 10.)

53. La Russie Européenne, par Bauerkeller. Carte en relief.

54. Carte de la partie méridionale du grand-duché de Varsovie, au dépôt général de la guerre. *Paris*, 1808.

55. Plan de la ville de Gand et de ses faubourgs, dressé d'après de nouveaux matériaux, 1830. Carte des environs de Bruxelles. Aix-la-Chapelle et Borcette, avec vues à l'entour.

56. Plan de Liége. Plan du chemin de fer compris entre Liége et Aix-la-Chapelle, 1843. — (Établissement géographique de Bruxelles.) = Plan communal de la ville de Liége.

57. Plan de la ville de Maestricht. — Plan der Stadt Leuven.

58. Carte de l'Asie centrale, dressée d'après les cartes levées par ordre de l'empereur Khian-Loung, par les missionnaires de Pékin et d'après un grand nombre de notions extraites et trad. de livres chinois, par J. Klaproth. *Paris*, 1836. — (4 feuilles).

59. Theatrum bellorum a cruce signatis gestorum quo scriptores illorum temporum, præsertim Willelmus archiepiscopus Tyrensis facilius intelligerentur. Mandatu regiæ Inscript. acad. disposuit et æri incidit J. S. Jacob, 1842.

60. General Sketch of the physical and geological features of British India, By G. B. Greenough. — (6 grandes feuilles dans une enveloppe.) — Hintersindien dem sir Francis Hamilton. *Gotha*, 1832. Éch. $\frac{1}{4000000}$.

61. Verzamelings blad der kaart van Nederlandsch Ostindie in acht Bladen door G.-F von Derfelden van Hinderstein. — Algemeene Kaart van Nederlandsch Osteindie, von G.-F. baron von Derfelden van Hinderstein 1842. En 8 grandes feuilles.

62. Karte des Turkischen Reichs in Asien, von H. Kiepert. *Berlin*, 1844. 2 feuilles.

63. Carte d'Acir et d'une partie de l'Hedjaz et du Nedjd dressée en Arabie par Galinier et Ferret, 1840. Echelle $\frac{3}{000000}$.
   Carte manuscrite.

64. Carte de l'Arabie Pétrée, Hedjaz et Assir prise sur les lieux mêmes par Pezzoni lors de l'invasion des armées égyptiennes sous le règne de Mohamed-Aly-Pacha, 1835.
   Carte manuscrite.

65. Fünf Karten zu C. Ritter's erdkunde von Arabien, bearbeitet von Carl Zimmermann. *Berlin*, 1847, atlas in-fol., br. en 6 cartes.

66. Geognostische Karte des Libanon und Antilibanon in Sirien Nach den Bestimmungen der K.-K. OEsterr. Bergrathes Joseph Rufsegger. *Wien*, 1842.

67. Carte de la Thrace, d'une partie de la Macédoine et de la Mœsie, dressée par M. A. Viquesnel. *Paris*, 1854.

68. Carte de la mer d'Aral et du Khanat de Khiva, dressée par J. de Khanikoff. Publiée par la société de géographie de Paris, 1854.

69. Map of Aderbeijan Compiled principally from personal observations and surveys made in the years 1851-1855 by N. Kha-
nikof. *Berlin*, 1862. = Reduzirte-Karte vom Persischen Golf,
1832.

70. Carte du bassin de l'Amoûr, dressée par C. de Sabir, d'après
les cartes russes les plus récentes et entre autres la grande carte
de la Sibérie orientale, publiée par l'État-Major en 1860-1861.

71. Carte de la Chine dressée d'après les matériaux chinois les
plus authentiques, par J. Klaproth, avec l'indication des cinq
ports ouverts aux Européens. *Paris*, 1855. Carte collée sur
toile dans un étui.

72. Carte de l'An-Nam, de la Cochinchine française et du Kam-
bodje, par Bineteau, *Paris*, 1862.

73. Reduzirte Karte von den Philippinen. *Gotha*, 1832.

74. Carte ancienne et comparée de l'Égypte, rédigée par le colonel Jacotin et Jomard, d'après la grande carte topographique
levée pendant l'expédition de l'armée française.

75. Carte de la Basse-Égypte, dédiée à Mohammed Ali Pacha,
vice-roi, par Coste, son architecte, dressée d'après ses itinéraires et ses relèvements pendant les années 1818 à 1827.

76. Carte hydrographique de la Basse-Égypte et d'une partie de
l'isthme de Suez, où sont indiqués les travaux exécutés ou à
exécuter, d'après les ordres de S. A. Mèhemet-Ali.
   Carte gravée au dépôt de la guerre, collée sur toile.

77. Auswahl der wichtigsten Urkunden der Egyptischen Alter-
thums von dr Richard Lepsius. Tafeln. *Leipzig*, 1842, in-fol.
en feuilles.

78. Plan d'Alexandrie, comprenant toutes ses fortifications, par
Charles Muller, 1855.

79. Carta della provincia del Beheber, Porti, e del Canale fatto es cavare l'anno 1819, da S. A. Mohamed Ali Pascia d'Egitto, 1823.

80. Profil en long du canal maritime de Suez. Tracé approuvé en 1859.

81. Carte de l'isthme de Suez pour servir à l'intelligence du mémoire relatif à la communication entre la mer Rouge et la Méditerranée, par le percement direct de l'isthme au moyen d'un canal maritime de Suez à Péluse, par Linant Bey et Mougel Bey, 1855.

82. Vue panoramique de l'isthme de Suez et tracé direct du canal des deux mers, d'après l'avant-projet de MM. Linant Bey et Moucel Bey.

    Grande carte lithographiée et coloriée.

83. Nouvelle carte du bassin du Nil, indiquant la commune origine de ce fleuve, avec les rivières du Zanguebar.

84. Carte du Sénégal et d'une portion de l'Afrique occidentale, depuis le cap Vert jusqu'au Niger, indiquant les itinéraires des explorateurs et les routes commerciales du Soudan, par G. Lejean, 1859.

85. Carte du Sénégal, de la Faléiné et de la Gambie jusqu'aux limites où ces rivières ont été explorées. Dressée sous la direction du colonel Faidherbe, par le baron Brossard de Corbigny, publiée par ordre de l'Empereur, 1861.

86. Carte topographique de l'île de Ténériffe, levée de 1825 à 1827, par Berthelot. *Paris*, 1834.

87. Carte topographique de l'île de Canaria, grande Canarie, dressée par Berthelot, et gravée par L. Bouffard. *Paris*, 1838.

88. Karte von Nubien, von Joseph Rufsegger. *Wien*, 1843.

89. Atlas des voyages, recherches et découvertes de G. Belzoni, en Égypte et en Nubie, composé de 44 planches lithographiées ou gravées à l'eau-forte, et enluminées. *Paris*, 1821, in-fol. obl. cart.

90. L'Algérie pendant la domination romaine, dressée au dépôt de la guerre. *Paris*, 1843.

91. Plan d'Alger et des environs, dressé au dépôt de la guerre sous la direction du général Pelet. *Paris*, 1832.

92. Carte du territoire d'Alger, dressée au dépôt de la guerre, sous la direction du général Pelet. *Paris*, 1834.

93. Carte de la province d'Alger, dressée au dépôt de la guerre, sous la direction du général Pelet. *Paris*, 1843.

94. Carte du Sahara algérien, dressée d'après le comte Daumas, par Gaboriaud, 2 feuilles.

95. Carte de la province de Constantine, dressée au dépôt de la guerre, sous la direction du général Pelet. *Paris*, 1842.

96. Plan de la partie de l'enceinte de Constantine faisant face au Condiat-ati et du terrain des attaques. (Siége de 1837.) Épreuve.

97. Carte d'une partie de la province de Constantine, dressée au dépôt de la guerre, sous la direction du général Pelet. *Paris*, 1837.

98. Carte de la province d'Oran, dressée au dépôt de la guerre. *Paris*, 1843.

99. Carte de la grande Kabylie et d'une partie de la Medjana, dressée au bureau topographique d'Alger, gravée au dépôt de la guerre. *Paris*, 1848.

100. Carte de la régence de Tripoli et des principales routes commerciales de l'intérieur de l'Afrique, dressée par Prax et Renou. *Paris*, 1850.

101. Carte de l'empire du Maroc, par E. Renou, août 1844.

102. Carte de l'empire du Maroc, indiquant les communications principales, la division en gouvernements, etc., réduite et gravée au dépôt de la guerre. *Paris*, 1848.

103. Union des deux océans, Atlantique et Pacifique, à travers la république de Nicaragua, par Aug. Myonnet et Dupuy. *Paris*, 1855.

104. Carte de l'Amérique centrale, par Lallier aîné ; avec la carte de la République de Costa-Rica.

105. Carte générale de la Martinique, par Monnier. Publiée au dépôt général de la marine en 1831.

106. Carte de la République de Costa-Rica, dédiée au souverain congrès, par le capitaine Lafond, 1851.

107. Mapa de la Republica de la Nueva-Granada, par J. Acosta, 1847.

108. Carta geografica del Estado Oriental del Uruguay trazada segun los documentos mas recientes y exactos. *Paris*, 1841.

109. Carte topographique du lac de Titicaca ou Chucuito et d'une grande partie des Andes (Bolivia et Péru), dressée sur les lieux en 1833, par Alcide d'Orbigny, 1835.

110. Map of Honduras and San-Salvador, central America showing the line of the proposed Honduras interoceanic Railway by E. G. Squier, 1854.

111. Mapa de la Republica de Bolivia, 1859. Grande carte collée sur toile.

112. Carte d'une partie de la République Argentine comprenant les provinces de Corrientes et des missions, par **Parchappe**, 1835.

113. **Tabula geographica Brasiliæ** et terrarum adjacentium.

114. Karte des States California, von **Kieppert**. *Berlin*, 1856.

115. Entdeckungen im Arktischen polarmeere in Folge der Aufsuchung der Flanklinschen Expedition, bis 1854.

116. Carte hydrographique des parties connues de la terre, dressée sur la projection de Mercator, par Gressier, publiée au dépôt général de la marine en 1835 ; collée sur un carton cylyndrique formant boîte avec couvercle, de **26 cent.** de diamètre et **65 centim.** de hauteur.

117. Plan du cours du Niger, grand fleuve du Sénégal, mis en en ordre et dessiné d'après les observations de M. le chev. Eyriès, pendant son gouvernement au Sénégal, par Sarrazin de Montferrier, 1784. Grande carte manuscrite en couleur. — Plan de la rivière du Sénégal, mauuscrit, lavé en couleur, 1779. Largeur 1 m. 66 cent.

118. Panorama de Mexico, photographié par Ph. Charnay ; collé sur châssis, 1 mètre 92 cent. sur 0.70.

119. Monuments de la géographie, ou Choix de mappemondes, planisphères et cartes du moyen âge, européennes et orientales, etc. ; publiés en fac-simile de la grandeur des originaux, par M. Jomard. Livrais. I à VIII, grand in-fol., en couleur.

120. Un autre exemplaire du même ouvrage, en noir.

En donnant au public cette fidèle reproduction des cartes les plus précieuses et les plus rares, disséminées dans les divers musées de l'Europe, M. Jomard a rendu un immense service aux sciences géographiques. Il se proposait d'en donner un texte explicatif qui pût initier le monde savant aux progrès successifs obtenus dans les voyages de découvertes. M. d'Avezac, qui occupe un rang si élevé parmi les géographes érudits, a bien voulu se charger de réunir les notes de M. Jomard et de compléter lui-même la description de ces monuments. Ce texte explicatif se vendra séparément.

121. MAPPEMONDE PEINTE SUR PARCHEMIN PAR ORDRE DE HENRI II, ROI DE FRANCE. 1 mètre 32 cent. de hauteur sur 2 mètres 55 de largeur.

Cette pièce originale, du plus haut intérêt, sera vendue sur la mise à prix de 2,000 francs.

Il sera vendu en lots un grand nombre de cartes en feuilles ou montées sur rouleaux; de plus un astrolabe, divers instruments astronomiques, quarts de cercle, etc.

SOUS PRESSE :

Catalogue d'une collection de livres arabes, turcs et persans, imprimés pour la plupart à Boulac, provenant de la bibliothèque de M. Jomard.

PARIS. — IMP. V. GOUPY ET Cie, RUE GARANCIÈRE, 5.